der Rucola

die Zwiebel

der Mais

der Käse

der Brokkoli

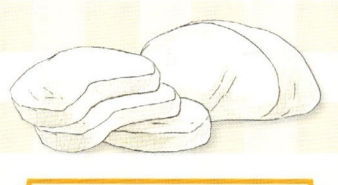

der Mozzarella

die Artischocke

der Schinken

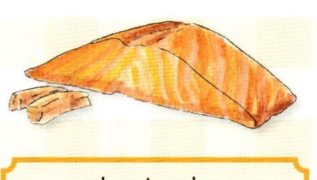

der Lachs

die Tomate

Für meine Selin und Enis...

Originalausgabe 2019

© 2019 TALISA Kinderbuch-Verlag, Hannover
Alle Rechte, auch die der Bearbeitung oder auszugsweisen Vervielfältigung,
gleich durch welche Medien, vorbehalten.

Lektorat: Eva Schweikart
Konzept, Gestaltung, Satz: Aylin Keller

Gesamtherstellung: Gelbert ECO Print GmbH, Budapest

FSC
www.fsc.org
MIX
The mark of
responsible forestry
FSC® C107937

ISBN 978-3-939619-66-6

Printed in Hungary

Aylin Keller

Pizza für Elfrida

Mit Illustrationen von
Nicole Pustelny

Heute ist ein besonderer Tag.

Am Nachmittag soll es für die
Köchin Elfrida
ein Abschiedsfest geben.
Die Eltern sind auch
eingeladen.

Elfrida geht in den Ruhestand.

Von nun an wird sie genug Zeit
für ihre Enkelkinder haben.
Und sie kann endlich ihr
Kochbuch für Kinder schreiben.

An Elfridas letztem Arbeitstag
dürfen die Kinder zusammen
mit ihr das Essen zubereiten.

Neugierig warten alle auf Elfridas
Anweisungen. Sie verkündet:
„Wir backen gemeinsam Pizza!"
Da jubeln alle.

"Juhuuu!"

Jedes Kind nimmt eine
Schürze und setzt sich an den
großen Tisch.

Den Teig hat Elfrida bereits
ausgerollt. Alle Zutaten zum
Belegen sind schon
vorbereitet und geschnippelt.

Jedes Kind bekommt sein eigenes
Stück Teigboden.
Zuerst bestreichen alle den Boden
mit Tomatensoße, damit er beim
Backen nicht zu trocken wird.

Ups!

Elfrida hat aus Versehen etwas
Falsches auf den Tisch gestellt.

Was gehört nicht
zu den Zutaten?

Jetzt fangen die Kinder an, die Pizzen nach Herzenslust zu belegen.

Sarah, Canan *(Dschanan)* und **Karim** essen kein Fleisch und nehmen darum nichts von der Wurst.

Canans Pizza wird ein kleines Kunstwerk aus Paprika, Tomaten, Mais und Käse.

Louis will mit seinen Lieblingsbelägen
ein witziges Pizzagesicht gestalten.
Er verteilt Salami, Mozzarella, Mais,
grüne Oliven, Zwiebeln, Zucchini und viele
Schinkenstreifen auf dem Pizzaboden.

Karim legt rasch Spinat auf die Pizza und darüber
einen Haufen geriebenen Käse. Er hat keine
Lust herumzuspielen, damit es toll aussieht.
Seine Pizza soll schnell in den Ofen,
weil sein Magen knurrt. Heimlich
nascht er schon etwas Käse.

Juan *(Chuan)* sitzt neben Louis und möchte auch ein Pizzagesicht machen. Aber ein Monstergesicht! Er grinst schon.

Helen und ihre Eltern sind Veganer. Sie verzichten auf alle tierischen Produkte. Darum nimmt Helen keine Wurst, keinen Käse, keinen Fisch. Sie belegt ihren Pizzaboden mit pflanzlichen Zutaten.

Cloé,

hat sich für eine „Vier-Jahreszeiten-Pizza"
entschieden. Sie hat auf je ein Viertel
unterschiedliche Zutaten
gelegt.

Nattida mag Pizza am liebsten mit Tomaten, Mozzarella und Basilikum.

Marius sucht lauter runde Beläge aus.

Amadi hat sich für eine Calzone entschieden.

Er hat nur eine Hälfte des Teigs mit Soße
bestrichen und Geflügelsalami,
Champignons, Tomaten, Paprika
und Käse darauf verteilt.
Die nicht belegte Hälfte
klappt er dann über die Füllung.
Er mag lieber Teigtaschen.

Tataaa!

Der Backofen ist vorgeheizt
und die Pizzen sind fertig belegt.
Alles ist startklar.
Ab in den Ofen!

Mittlerweile ist Karim nicht der
Einzige mit Magenknurren.
Das Warten auf die fertigen Pizzen
stellt die Kinder auf eine harte
Geduldsprobe.

Währenddessen decken alle
gemeinsam den Tisch.

Endlich!
Elfrida holt himmlisch duftende,
bunte Pizzen aus dem Ofen!

Auwei!

Elfrida weiß nicht mehr genau,
wer welche Pizza gemacht hat!

Zeigst du ihr, wem welche
Pizza gehört?

 Sarah

 Canan

 Karim

 Louis

 Juan

 Amadi

 Helen

 Nattida

 Marius

 Cloé

Bisher hat Elfrida jeden Tag das Essen für die Kinder gemacht.

Heute ist es andersherum.

Sie bekommt von jedem Kind ein Stück auf ihren Teller.

Jedes ist für sie so besonders und einmalig wie die Kinder selbst.

Alle Stücke sehen wunderbar aus und schmecken köstlich!

Auf einmal strahlt Elfrida übers ganze Gesicht.

Als hätte sie eine Schatztruhe voller Gold gefunden.

Sie weiß jetzt, wie ihr Kinder-Kochbuch heißen soll!

"Vielerlei Pizzen für Kinder"

Mach mit!

Falls **du** eine eigene Pizza-Idee hast,
dann **schicke das Bild an Elfrida.**

*Sie freut sich schon sehr darauf
eure wunderschönen Pizzabilder in ihrem Briefkasten zu finden!*

Weitere Informationen über diese Aktion und
Elfridas Adresse findet ihr auf:

www.talisa-verlag.de

1 Welche Kinder haben Oliven auf ihren Pizzen?

2 Nur ein Kind hat Knoblauch auf seiner Pizza. Weißt du, wer es ist?

3 Wie heißt eine gefüllte Pizza?
• Funghi   • Margherita   • Calzone   • Hawaii

4 Wie viele Kinder haben Tomaten auf ihren Pizzen?

5 Welche Pizza ist nach deinem Geschmack die beste? Und warum?

6 Kennst du auch Menschen in deiner Umgebung, die schon in den Ruhestand gegangen sind?

Aufgrund der kulturellen, ethischen oder gesundheitlichen Aspekte, stellen sich unterschiedliche Ansprüche für die Verpflegung von Kinder dar. Wie z.B. :

• Vegetarische Ernährung

• Vegane Ernährung

• Nahrungsmittelallergien

Mehr über diese Themen:

Unterrichtsmaterial für die **Grundschule**, Malvorlagen, Rätselbilder für **Kindergartenkinder,** kostenlos zum Downloaden auf:

www.talisa-verlag.de

Kamishibai

Dieses Buch ist auch als Bildkarten

(in Deutsch und **15** weiteren **Sprachen**) erhältlich!

- Arabisch
- Englisch
- Französisch
- Griechisch

- Italienisch
- Kroatisch
- Kurdisch
- Persisch

- Plattdeutsch
- Polnisch
- Portugiesisch
- Rumänisch

- Russisch
- Spanisch
- Türkisch

Pizza für Elfrida - Bildkartenversion DIN A3, Multilingual

(ISBN 978-3-939619-67-3)

Inhalt:

- 10 Bildkarten (A3) • Textvorlagen in 16 Sprachen,
- WORT-SCHATZLISTE! (20 Zutaten in 16 Sprachen) • Elfridas DOPPELspielspaß-Karten (42 St.)

Kinderbücher in mehreren Sprachen

7 Sprachen
in einem Buch!

Pimm van Hest / Nynke Talsma
Ein Bauch voller Geheimnisse

Deutsch, Arabisch, Französisch, Polnisch, Russisch, Spanisch, Türkisch.

Diese wunderschöne Geschichte dient als kleiner Begleiter um den Kindern zu vermitteln: Wir sind nicht neugierig, aber wenn dich etwas bedrückt, dann solltest du es uns sagen. Wir werden auf jeden Fall für dich da sein.

Softcover, 28 S., ab 3
ISBN 978-3-939619-64-2 14,90 €

11 Sprachen
in einem Buch!

Guido van Genechten
Otto - die kleine Spinne

Deutsch, Arabisch, Bulgarisch, Chinesisch, Englisch, Französisch, Italienisch, Polnisch, Rumänisch, Spanisch, Türkisch.

Ein ganz besonderes Bilderbuch für Akzeptanz und gegen Vorurteile!

Hardcover, 32 S., ab 3
ISBN 978-3-939619-46-8 21,50 €

17 Sprachen
in einem Buch!

Manjula Padmanabhan
Ich bin einmalig!
Kannst du mich finden?

Deutsch, Arabisch, Chinesisch, Englisch, Französisch, Georgisch, Griechisch, Hebräisch, Hindi, Malayalam, Persisch, Polnisch, Russisch, Spanisch, Tamil, Thai, Türkisch.

Jedes Kind ist einmalig und die Sprache von elementarer Bedeutung der Ich-Identität aller Kinder. Die kulturelle Vielfalt unserer Gesellschaft spiegelt sich nicht nur in Sprache, sondern auch in der Schrift wider.

17 Sprachen, 11 Alphabete!

„Kannst du mich finden?" In 17 Sprachen stellt das Suchbilderbuch diese Frage (mit Aussprachetipps) und es gibt auf jeder Seite Einmaliges zu entdecken.

Hardcover, 22 S., ab 4
ISBN 978-3-939619-64-2 17,50 €

13 Sprachen
in einem Buch!

Deutsch, Albanisch, Arabisch, Bosnisch, Englisch, Italienisch, Kurdisch, Persisch, Polnisch, Portugiesisch, Russisch, Spanisch, Türkisch.

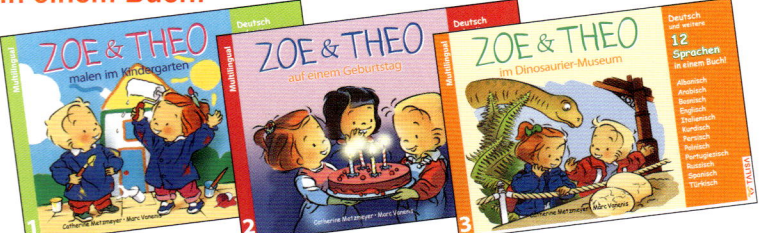

Catherine Metzmeyer / Marc Vanenis

ZOE & THEO malen im Kindergarten
ISBN 978-3-939619-56-7

ZOE & THEO auf einem Geburtstag
ISBN 978-3-939619-57-4

ZOE & THEO im Dinosaurier-Museum
ISBN 978-3-939619-58-1 ▶ Softcover, 16 S., ab 3 je 14,50 €